DESCRIPTION

DU CABINET LITTERAIRE

DE FEU

DON CARLOS=CLEMENTE=ANTONIO,

INFANT D'ESPAGNE.

DESCRIPTION

DU

CABINET LITTERAIRE

QUE *Madame de* ✱ ✱ ✱, *Auteur du nouveau Syſléme Typographique*, & *Don* Francifco Barletti de Saint Paul, *ancien Secrétaire du Protectorat de France en Cour de Rome, Membre de l'Académie des Sciences, Arts & Belles-Lettres de Châlons-ſur-Marne, &c.... ont exécuté en* 1773, *à Madrid, pour faciliter les études de feu* DON CARLOS-CLEMENTE-ANTONIO, *Infant d'Eſpagne.*

Précédée d'un Extrait du Manuſcrit dans lequel elle ſe trouve, & publiée par ordre de MONSEIGNEUR LE COMTE D'ARTOIS.

DE L'IMPRIMERIE

DE P. ROBERT-CHRISTOPHE BALLARD , feul Imprimeur de la Mufique de la Chambre & Menus Plaifirs du R O I & de la Grande Chapelle de SA MAJESTÉ;

Et Imprimeur de Monfeigneur LE COMTE & de Madame LA COMTESSE D'ARTOIS.

M. DCC. LXXVII.

A SON ALTESSE ROYALE,

MADAME

LA COMTESSE D'ARTOIS.

Madame,

Cet Ouvrage est en quelque forte le *Prospectus* de celui que je vais bien-tôt mettre au jour, dans l'esperance de le voir servir

aux premières années de l'éducation de
MONSEIGNEUR LE DUC
D'ANGOULÊME. Publié par les
ordres de votre Auguste Epoux, j'y trouve,
MADAME, un nouveau titre pour
oser l'offrir à VOTRE ALTESSE ROYALE.
Puissé-je remplir entièrement mes vues, & me
rendre ainsi plus digne de vous faire agréer mon
hommage & l'assurance du profond respect avec
lequel je suis,

MADAME,

DE VOTRE ALTESSE ROYALE,

La très-humble & très-
obéissante servante,
***

AVERTISSEMENT.

L e Cabinet Littéraire , dont nous donnons ici
la defcription , eft une grande Bibliothèque def-
tinée en 1773 à réunir tout ce qui pourroit faciliter
les études de l'Héritier du Trône d'Efpagne. Elle
devoit renfermer principalement un corps complet
de Traités Élémentaires , que nous allons bien-
tôt mettre fous preffe. L'Extrait du manufcrit dans
lequel nous avons rendu compte de cet Ouvrage
encyclopédique , trouve donc naturellement fa
place avant la defcription du Cabinet qui n'a
été imaginé que pour en augmenter les avantages.

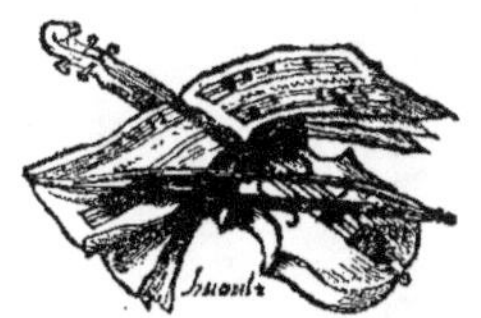

EXTRAIT

EXTRAIT

D'UN MANUSCRIT INTITULÉ:

Sistema practico y universal que se propone para facilitar la instruccion del INFANTE; avec cette épigraphe :

> *Così all' egro fanciul porgiamo aspersi*
> *Di soave licor gli orli del vaso :*
> *Succhi amari, ingannato, intanto ei beve,*
> *E dall' inganno suo vita riceve.*

TROIS articles composent ce qu'il y a de plus essentiel dans ce manuscrit. Le premier traite de la nécessité d'une Pédagogie (*a*), pratique & universelle qui manque aux Enfans comme aux Instituteurs. Le second présente le plan de

---

(*a*) La Pédagogique est l'Art du choix des études, & le Traité de la manière d'enseigner.

A

l'ouvrage que cette nécessité, que nous avons sentie, nous a fait entreprendre. Le troisième démontre l'utilité que ce même ouvrage, répandu dans les caffetins du Cabinet Littéraire, offre pour la santé, l'émulation, la mémoire, &c. Voici la fin de la partie du difcours qui précède le premier article.

« Le but de l'Ouvrage que nous propofons à SA MAJESTÉ
» Catholique, eft de rendre les études plus agréables &
» moins pénibles; de s'affurer des moyens qui, loin d'engendrer
» le dégoût, l'écartent ; loin de rétrécir la mémoire, la
» foulagent; loin d'abrutir l'efprit, l'élèvent.

» Mais, dans un fiècle fertile en nouveaux fyftêmes, il eft
» fage de ne les pas fuivre fans choix, comme il feroit hon-
» teux de les rejetter fans examen. Nous ne demandons point
» que le Miniftère, féduit par le premier coup-d'œil, aban-
» donne auffi-tôt un plan que l'ufage a confacré : il n'y a que
» le tems & les faits qui puiffent juftifier les innovations. Nous
» voudrions feulement qu'on nous admît à fournir la preuve
» des facilités étonnantes que procure notre Syftême pour
» l'avancement des études. Si la Cour daignoit s'en convaincre,
» en nous remettant un enfant quelconque, elle le verroit
» favoir, au bout d'un mois, ce qu'aucun autre n'apprendroit
» en douze, par la routine ordinaire. Nos expériences
» réitérées nous permettent de contracter cet engagement fans
» effroi (b) ».

(b) Ceci doit fervir de réponfe à ceux qui pourroient nous re-
procher de parler avec trop de confiance de notre Syftême. Peu im-

Cette expofition nous amène à commencer par établir l'importance d'une collection de nouveaux livres élémentaires avec lefquels tous les Maîtres deviendroient également habiles. Nous citons à ce fujet l'Auteur illuftre du *Traité d'Education Nationale* (c). Il dit (Page 56) « l'Etat doit » foulager les Maîtres, en faifant compofer, par des gens » habiles, des livres élémentaires. (Page 59) Ce feroit » une matière digne de la recherche des bons Citoyens, & » de l'attention des Gouvernemens, que de fixer une fois la » méthode d'enfeigner à lire, & d'enfeigner les Langues. » (Page 65) Je voudrois que l'on compofât pour les enfans, » des hiftoires de toute Nation, de tout fiècle, &c..... Il » faudroit que l'inftruction fût toute faite dans ces livres ; » qu'on n'y laiffât prefque rien à ajouter au Maître, & qu'il » n'eût, pour ainfi dire, qu'à lire & interroger. Je defirerois » qu'à la fuite de chaque hiftoire, on plaçât des queftions » pour voir ce que l'enfant auroit retenu, pour le redreffer » s'il avoit mal entendu, ou s'il ne s'étoit pas attaché au plus » effentiel. (Page 190) Pour exécuter un bon plan d'éduca- » tion littéraire, il n'eft befoin que de livres..... S'il y en » a jamais, on ne demandera dans les Maîtres, les Gouver-

---

porte qu'un Auteur croie & publie que fon ouvrage eft utile. Pour-quoi le blâmer de le dire? Il faut examiner, fans prévention, s'il le prouve.

(c) Notre ouvrage étoit commencé depuis dix ans, lorfque M. *de la Chalotais* en conçut le fyftême. Il y en avoit déjà deux tiers de finis en 1763.

- 4

neurs & les Gouvernantes , que de la Religion , des mœurs «
& de fçavoir lire. (Page 194) Je penfe que l'objet des «
études étant une fois fixé, SA MAJESTÉ pourroit faire «
compofer des livres élémentaires où l'inftruction fût toute «
faite , relativement à l'âge & à la portée des enfans , depuis «
fix ou fept ans, jufqu'à dix-fept ou dix-huit..... Ces «
livres tiendroient lieu de toute autre méthode. On ne «
peut fe paffer de livres nouveaux , quel parti que l'on «
prenne. Ces livres , étant bien faits , difpenferoient de «
Maîtres formés..... Tous feroient bons , pourvu qu'ils «
euffent de la Religion , des mœurs , & qu'ils fçuffent lire ; «
ils fe formeroient bien-tôt eux-mêmes, en formant les «
enfans. Il ne s'agiroit donc que d'avoir des livres, &c... »

Comme la méthode d'enfeigner dépend en effet des
livres deftinés à l'enfeignement , nous examinons d'abord
s'il en eft qui puiffent remplir les vues que doit avoir un
Inftituteur habile (d). Une analyfe impartiale de nos meilleurs
livres élémentaires prouve qu'ils font tous à refondre , parce
que n'ayant point été compofés pour fervir chacun à former
une collection dreffée fur les mêmes principes , ils ne fçau-
roient ni prêter du mérite au Maître ignorant , ni rien ajouter
à celui du Maître habile.

L'article qui fuit le précédent contient , ainfi que nous
l'avons déjà dit , le Plan raifonné de la Pédagogie pratique
& univerfelle , dont nous venons de démontrer l'importance.

(d) Le feul *Abbé Fleury* offre , dans fon Cathéchifme , un modèle qu'on auroit dû fuivre , & qu'on pouvoit perfectionner.

Ce Plan eſt encore préſenté dans un grand tableau qui a pour titre : *Siſtema raciocinado de las Ciencias del hombre, en que por la natural relacion que hay de unas à otras , ſe evidencia la cauſa de la diviſion y orden de los Tratados elementares que ha de contener la Biblioteca diſpueſta para facilitar la inſtruccion de S. A.*

Entre les détails qui donnent une idée ſuffiſante de l'ouvrage , voici ce qui nous paroît plus digne de l'attention du Lecteur.

« La quatrième partie de notre Collection eſt le recueil » & la définition de tous les mots renfermés dans les trois » premières. Ce recueil & le ſupplément qui l'accompagne , » forment un Dictionnaire univerſel , dont nous aurons ail- » leurs l'occaſion de démontrer les avantages.

» La cinquième partie embraſſe les Langues mortes & vi- » vantes. Elle comprend , 1°. de nouvelles Grammaires pour » les unes & les autres. 2°. Une Collection fort étendue de » morceaux choiſis & ſuffiſans , tirés des meilleurs Auteurs » & des meilleurs Poètes anciens & modernes. 3°. Enfin huit » Dictionnaires où l'on ne trouve que les mots renfermés » dans tous ces mêmes extraits , avec des notes propres à » en donner la parfaite intelligence.

» Les Rudimens des Langues mortes renferment peu de » regles & beaucoup de tableaux. Chacune des Grammaires » des Langues vivantes , dreſſée ſur le même plan , contient » en outre deux Vocabulaires , qui épargnent la fatigue & » l'ennui d'apprendre les conjugaiſons des verbes réguliers & » irréguliers , & par le ſecours deſquels toutes les mémoires » ſont également bonnes «.

Les extraits deſtinés aux premiers mois de l'étude des «
Langues ſont de deux ſortes : nous employons la traduction «
interlinéaire pour ceux tirés d'ouvrages en proſe, & la tra- «
duction latine pour les Auteurs Grecs & les Poètes Latins. «

Enfin, la ſixième & dernière partie de l'ouvrage que «
nous propoſons à SA MAJESTÉ Catholique, eſt un guide «
ſûr avec lequel il ſeroit impoſſible que le Maître le plus «
ignorant ne fît pas de ſon élève le ſujet le plus diſtingué. «
Elle raſſemble pour l'enſeignement des Sciences, des Arts «
& des Langues, une ſuite complette de queſtions & «
d'inſtructions raiſonnées qui ſont le fruit de vingt ans de «
recherches & de veilles, & par le moyen deſquelles le «
défaut de mémoire, de goût & d'application ne peuvent «
s'oppoſer que foiblement aux progrès du Diſciple».

Le dernier article eſt ſubdiviſé en trois paragraphes, dans
leſquels nous enviſageons les trois objets d'une éducation
chrétienne & philoſophique : la *Santé*, les *Vertus*, le *Savoir*.

Les moyens de ne point fatiguer l'eſprit, & détruire la
ſanté par les études multipliées d'un trop grand nombre de
Sciences, & ſur-tout par la façon de les enſeigner, ſont peu
connus quoiqu'ils exiſtent. Pour prendre quelque idée de
ceux que nous propoſons, il ſuffira de ce qui ſuit.

1°. Excepté pour l'écriture, le deſſin, *&c*, l'enfant eſt
debout & en mouvement toute la journée. Comme la paix &
la joie entretiennent auſſi la ſanté, jamais on ne néglige ſon
bonheur, pas même dans les moindres bagatelles ; jamais la
contrainte ou la mortification ne l'afflige ; jamais une larme
amère ne coule ſecretement dans ſon cœur ; jamais enfin

une étude ennuyeufe & forcée ne tient fon corps & fon efprit à la torture.

2°. Pendant le cours de près des deux tiers de fes études, il n'aura jamais eu dans les mains qu'un feul feuillet à la fois des livres élémentaires fur lefquels il travaillera.

Ces livres, partagés en feuillets collés fur des cartes, font placés, fuivant l'ordre convenable, dans les caffetins de la Bibliothèque conftruite à cet effet, & divifée en trois parties égales, dont l'une a pour titre : *Thêmes à faire* ; la feconde, *Thêmes à revoir* ; & la derniere, *Thêmes faits*. Ainfi, ce que l'enfant doit apprendre fe remet, s'il n'eft pas encore affez ferme, dans la feconde portion de la Bibliothèque, & dans la troifième, à mefure qu'il le fçait bien. Par cette méthode, il jouit chaque jour de la fatisfaction de voir infenfiblement diminuer le nombre des connoiffances dont fon efprit doit fe meubler, & groffir le nombre de celles qu'il a déjà acquifes. Jamais on ne l'interroge qu'il ne foit certain de bien répondre, & la gloire dont il eft couvert, l'élevant à fes propres yeux, redouble fon ardeur, fans augmenter fa peine.

Ces détails fur la manière d'empêcher que les études ne deviennent nuifibles à la fanté, font fuivis de l'examen des moyens les plus propres à exciter l'émulation, & à la tourner au profit des mœurs. Ceux que nous propofons enfuite pour former le cœur, & y faire germer toutes les vertus chrétiennes & morales, feroient déplacés dans un extrait. Paffons à l'article du *Sçavoir*.

Nous divifons les études en trois claffes : elles peuvent, dans l'efpace de dix ans, être entièrement achevées.

8

Pendant la premiere année, l'enfant encore en robe, apprend à lire, à écrire (e), à chiffrer; & fa tête fe meuble de mots.

Les neuf autres années font divifées en trois parties égales pour chacune des trois claffes. Dans la première de ces claffes, on voit les premiers élémens de la Religion, & ceux des Sciences qui ont été choifies. Dans la feconde, ces mêmes élémens font plus développés. Enfin, dans la troifième, on s'occupe de l'étude de l'Hiftoire & de celle des Langues mortes & vulgaires.

Après avoir fixé le tems convenable pour chacune des études du Prince, nous rendons compte de la façon dont il devoit étudier. Nous examinons fi les fecours qu'il auroit tirés des cartes, des livres & des eftampes contenus dans fon Cabinet Littéraire, pourroient l'emporter de beaucoup fur ceux que lui eût offert la routine en ufage.

Le refte du manufcrit contient l'indication de divers procédés propres à donner l'idée la plus favorable de notre Syftême, & à prouver davantage la vérité de cette maxime que nous n'avons jamais perdue de vue : *Se configue facilmente la inteligencia de las Ciencias, quando fe figue el verdadero camino que conduce à ellas.*

(e) L'art de copier ou figurer les caractères ou fignes courans de l'écriture fuit naturellement l'art de les connoître & de les affembler. Comme nous avons des lettres toutes formées dans notre Bibliothèque, ce que l'Enfant ne fçauroit écrire, il l'imprime; tandis que vous êtes obligés d'attendre que la main du vôtre foit affez forte pour qu'il puiffe tenir & conduire fa plume. De forte que, par notre Syftême, la connoiffance des ufages reçus pour joindre les fignes de convention précède le talent de les imiter.

FAÇADE

N°. I.

FAÇADE EXTÉRIEURE

Du Cabinet Littéraire de L'INFANT.

LE Cabinet Littéraire de l'INFANT a de hauteur trois vares (*f*) dix pouces (*g*); de largeur deux vares fept pouces, & de profondeur vingt-neuf pouces. Au-deffus de la corniche règne une guirlande de fleurs, qui fait allufion aux facilités qu'offre notre Syftême. Elle fort d'un cartouche où font écrits ces mots : *Gabinete Literario del* INFANTE. Il s'ouvre par deux portes grillées, & contient, fans qu'on puiffe l'imaginer au premier coup-d'œil, un efpace propre à renfermer la multitude de chofes énoncées ci-après :

SÇAVOIR;

8 Bibliothèques.
16 Volumes *in-fol.*
72 Volumes *in-8°.*
206 Vol. *in-12.* dont } 96 grands & 110 petits.

Les mêmes 96 Volumes, & 30 des petits, coupés & collés par feuillets fur 89763 cartes. 96 Cadres où doivent être placées fucceffivement 1450 Eftampes.

Deux tables, neuf tiroirs, *&c. &c. &c.*

(*f*) La vare eft une mefure Efpagnole qui vaut 31 pouces de notre pied François ; le pouce de la vare ne produit que 10 de nos lignes.

(*g*) Nous comprenons dans cette hauteur l'élevation des pieds & du frontifpice.

B

Nº. II.

PARTIE LATÈRALE
Du Cabinet à gauche.

LE côté du Cabinet eſt coupé par deux portes placées l'une ſur l'autre, & derrière leſquelles il y a ſix grands cadres attachés, trois en-haut, trois en-bas.

La porte ſupérieure étant ouverte, on apperçoit deux couliſſes occupées par deux Bibliothèques qui ſe tirent facilement, & tiennent à celles placées de la même manière au côté droit. Une moitié intérieure ſert de balancier à celle qu'on a fait ſortir. Neuf petits cadres accompagnent ces couliſſes.

La porte inférieure couvre trois grands tiroirs, quatre cadres moyens, & ſix autres plus petits.

N°. III.

PARTIE LATÉRALE

Du Cabinet à droite.

CE côté ne diffère du précédent que dans le titre des Bibliothèques.

N°. IV.

PREMIÈRE FAÇADE INTÉRIEURE

Du Cabinet.

CETTE façade préfente deux Bibliothèques. Chacune d'elles renferme dans l'un de fes côtés une rangée de caffetins cachés par une petite porte, derrière laquelle font placés onze petits cadres.

Au-deffous de ces deux Bibliothèques fe trouve une grande table pliante fur laquelle nous avons mis trois grands cadres.

On voit plus bas la Bibliothèque du premier âge, avec une table & trois tiroirs. Huit rayons pratiqués aux deux côtés de cette Bibliothèque peuvent contenir trente volumes petit *in*-12.

Il y a cinq petits cadres fur la table, trois grands cadres fur la porte à gauche, & autant fur celle à droite.

B ij

N^o. V.

SECONDE FAÇADE INTÉRIEURE

Du Cabinet.

CETTE façade eſt celle qu'on découvre après avoir ouvert les deux portes où ſont enclavées les Bibliothèques citées au N°. IV. On en voit ici une huitième & dernière , au bas & aux côtés de laquelle ſont des rayons diſpoſés pour recevoir des livres de divers *forma.*

L'ornement de la partie ſupérieure peut cacher une autre ſuite de volumes. Il eſt compoſé d'un cartouche appliqué ſur deux portes dont on ne ſçauroit appercevoir la ferrure.

Il y a quatre grands cadres derrière les deux Bibliothèques citées au N°. IV.

Nota. Que les cadres de toutes les parties du Cabinet ont chacun une porte par derrière qui laiſſe la facilité d'ôter & remettre l'eſtampe analogue à la leçon du jour.

USAGE ET EXPLICATION

Des différentes parties du Cabinet Littéraire de L'INFANT.

PREMIÈRE BIBLIOTHÈQUE,

INTITULÉE:

Eſtudio para el primer año de la educaſion de S. A.

CETTE Bibliothèque, qui n'eſt cependant deſtinée qu'à la Lecture, donne ſeule, par ſa diviſion & ſes titres, l'idée la plus étendue de notre Syſtême. La partie inférieure préſente avec le modèle d'un ordre inconnu ou négligé juſqu'ici, le tableau d'un ouvrage dont ceux de nos Auteurs François qui ont écrit ſur cette matière n'avoient pas même encore conçu le plan.

La première rangée (*h*) contient
$\left\{\begin{array}{l} \text{5 caſſetins de voyelles ſimples minuſcules.} \\ \text{5 } \ldots \ldots \ldots \ldots \text{ majuſcules.} \\ \text{5 } \ldots \ldots \ldots \ldots \text{ accentuées.} \end{array}\right.$

(*h*) Il faut obſerver que dans cette Bibliothèque, comme dans les 2, 3, 4, 5 & 8ᵉ, les rangées ſe prennent du bas en haut, & non du haut en bas. L'Auteur du Bureau Typographique, imaginé en 1733,

La seconde contient

11 caffetins de confonnes minufcules du premier alphabet.

3 . . . de fons différens peints par des
lettres femblables.

7 . . . de fons femblables peints par
des lettres différentes.

2 . . . . de fons doubles peints par une
lettre fimple.

La troifième . . . .

11 caffetins de confonnes majufcules du premier alphabet.

12 . . . . de fons fimples, repréfentés par
des caractères doubles.

La quatrième . . . . .

5 caffetins de majufcules du fecond alphabet.

10 . . . . où fe trouve la fuite des fons
fimples repréfentés par des
caractères doubles.

6 . . . . de fons où la *Jota* (1) prend la valeur de la *g*.

2 . . . . de fons compofés.

pour apprendre à lire à feu Monfeigneur le Dauphin, avoit obfervé
le même ordre. En effet, il n'eft pas naturel de s'abaiffer à mefure
qu'on avance dans la carrière des Sciences & des Arts. Il faut au
contraire, que tout annonce qu'on fe rapproche du but; il faut que
le moindre pas qu'on a fait foit indiqué.

(1) *Jota* eft la dénomination du *j* des Efpagnols. Toutes les lettres
de leur alphabet font du genre féminin.

La cinquième contient
{
5 caſſetins de majuſcules du ſecond alphabet.
7 . . . . des véritables diphtongues Caſtillanes.
1 caſſetin de ponctuation.
5 caſſetins de voyelles ſimples minuſc·
5 . . . . majuſc.
} dont on ſe ſert dans l'écriture.
}

La ſixième . . . . . .
{
5 caſſetins de voyelles ſimples accentuées,
16 . . . . des 17 conſonnes minuſcules,
} en uſage dans l'écriture.
1 caſſetin de voyelles ſimples accentuées majuſcules de l'impreſſion & de l'écriture.
1 caſſetin d'abréviations.
}

La ſeptième . . . . .
{
5 caſſetins d'autres minuſcules & majuſcules,
16 . . . . des 17 conſonnes majuſcules,
} dont on ſe ſert dans l'écriture.
1 caſſetin de chiffres romains.
1 . . . . arabes.
}

Cette partie inférieure de la Bibliothèque du premier âge eſt intitulée : *Cartas que primero ſerviran à la Lectura, y deſpues à la compoſicion de Temas.* De 153 caſſetins qu'elle renferme, il y en a 18 qui contiennent 90 cartes chacun. Tous les autres n'en peuvent tenir que 45 (*k*).

____

(*k*) C'eſt ici que l'analyſe de notre Traité de Lecture trouveroit naturellement ſa place. Mais ſans entrer dans le détail des motifs de nos procé-

De 33 caſſetins placés à la gauche de la partie ſupérieure, il y en a 20 qui renferment les leçons de Lecture de dix Langues différentes (*l*).

On en trouve dans la 1ere & la 12e pour l'Eſpagnol.

. . . . 2e . . 13^e	le Latin.
. . . . 3e . . 14^e	le Grec.
. . . . 4e . . 15^e	les abréviations grecques.
. . . . 5e . . 16^e	l'Hébreu.
. . . . 6e . . 17^e	le Portugais.
. . . . 7e . . 18^e	l'Italien.
. . . . 8e . . 19^e	le François.
. . . . 9e . . 20^e	l'Allemand.
. . . . 10e . . 21^e	l'Anglois.

---

dés, nous nous bornerons à dire, 1°. Que, ſi l'on en excepte la *Jota* ou les lettres *g* & *x* lorſqu'elles la repréſentent, il n'y a aucune ſorte de difficultés pour donner aux caractères Eſpagnols la dénomination imaginée depuis plus d'un ſiècle par MM. de Port-Royal. 2°. Que la *Jota* & les deux lettres qui prennent quelquefois la même valeur, nous paroiſſent peindre un ſon particulier, tel à-peu-près que notre *h* fortement aſpirée, & doivent ſortir du corps de l'alphabet. 3°. Qu'enfin cette dénomination nouvelle, jointe aux ſecours que nous procureront nos eſtampes, & à la précaution de ne pas montrer à la fois toutes les lettres dans un même jour, & de ſe ſervir d'échecs, de quilles, de dames, de boules, de jettons, de dez, *&c*, ſont des moyens dont le ſuccès eſt tellement infaillible, que le moindre d'entr'eux employé pour feu Monſeigneur le Dauphin, produiſit les plus grands miracles. *Voyez ci-devant la note h.*

(*l*) L'étude des caractères hébreux, grecs, gothiques, *&c*, ſi rebutante & ſi pénible dans un âge avancé, devient dans l'enfance, & par

Le

Le Syllabaire général de toutes ces Langues se trouve dans les 23ᵉ & 24ᵉ caffetins.

Le 11ᵉ & le 22ᵉ contiennent les Leçons de Paléographie des dix, onze, douze, treize, quatorze, quinze & seizième siécles.

Les Articles, les Subftantifs, les Adjeétifs, les Noms de nombre, les Pronoms, les Verbes, les Participes, les Indéclinables, & les Particules prépofitives qui doivent entrer dans la compofition des thêmes pendant les fix derniers mois de la première année, occupent les 25, 26, 27, 28, 29, 30, 31, 32 & 33ᵉ caffetins.

Le côté droit eft divifé en trois parties. L'une contient les Thêmes à faire, l'autre les Thêmes à revoir, & la dernière les Thêmes faits (*m*).

Au premier rang des Thêmes à faire, & des Thêmes faits, on voit la *Religion*, les *Définitions*, le *Calendrier*, la *Grammaire pratique*.

Au fecond rang font les caffetins de la *Verfification méchanique*, de l'*Arithmétique*, de l'*Hiftoire Sacrée*, de l'*Hiftoire Profâne*.

---

notre Syftême, un jeu très-amufant. C'eft un avantage bien précieux de ne fe pas voir arrêté plus tard par le feul effroi des fignes.

(*m*) Voyez ci-devant la page 7.

C

Au troifième rang fe trouve la *Mythologie*, la *Géométrie*, la *Géographie*, la *Phyfique*.

Le caffetin intitulé, *Définitions*, renferme les Leçons qui donnent une idée générale & fuffifante pour un enfant en robe, des Sciences & des Arts.

Le caffetin qui a pour titre, *Calendrier*, contient les Leçons qui donnent une idée de la divifion des tems, avec quelques opérations de calcul, appliquées à cette même divifion.

La *Grammaire pratique* eft ainfi nommée, parce qu'elle fe borne aux Articles, à quelques Déclinaifons de noms & de pronoms, aux Verbes auxiliaires, & aux Conjugaifons régulières.

Les Leçons fur la *Verfification méchanique*, font celles qui enfeignent à joindre, fuivant les règles de la Poéfie, des mots fans fuite & pris au hafard.

Tous les caffetins de la partie fupérieure peuvent contenir chacun 136 cartes.

Au total la Bibliothèque du premier âge eft compofée de 216 caffetins & de 13815 cartes.

A gauche & à droite feront rangés en deux colonnes, 3 tomes d'Inftructions & de queftions du Maître pour la lecture des Langues, & la Paléographie; 3 autres tomes *idem*, pour les Élémens du premier âge; 15 volumes où l'on trou-

vera de fuite les caractères Efpagnols ; Grecs ; Hébreux ;
Allemands , Anglois & Gothiques , avec toutes les Leçons
choifies pour la lecture de ces différentes Langues , & la
Paléographie ; 3 tomes des petits Élémens du premier âge ;
enfin 6 volumes d'Eftampes analogues aux Leçons de Lecture , & à ces mêmes Élémens.

Dans les deux petits tiroirs qui font au bas de la Bibliothèque , il y aura des dez , des jettons , des boules , des
dames , des quilles , des échecs , un cadran , &c.

Dans le grand tiroir on trouvera des règles , une toife ,
des cordeaux , des piquets , &c.

PARTIE LATÉRALE
Du Cabinet à gauche.

DEUXIEME BIBLIOTHEQUE,

Intitulée : *Lecciones para aprender.*

Cette Bibliothèque, qui n'a pour objet que les Sciences & les Arts, contient 115 caffetins, dont 48 à 136 cartes chacun ; 29 à 90, & 38 à 45, ce qui en fait au total 10848.

Voici les matières traitées dans ces 10848 Leçons, & le nombre de caffetins qu'elles occupent.

MATIERES.

L'inégalité de caſſetins qu'on apperçoit dans cette Bibliothèque comme dans toutes les autres, en eſt devenu le
plus bel ornement. L'art avec lequel nous les avons com-
binées & réunies ne ſçauroit ſe décrire. Nous ſommes quelquefois étonnés nous-mêmes d'avoir pû ſi bien lier enſemble
toutes les parties du Cabinet Littéraire : on n'y trouve pas
un pouce de vuide.

TROISIÈME BIBLIOTHÈQUE

Intitulée : *Lecciones para repaſar.*

CETTE Bibliothèque eſt diviſée en trois parties égales qui
contiennent chacune 48 caſſetins.

La première partie où l'on retrouve les mêmes titres &
le même ordre que dans la Bibliothèque précédente, &
qui conſéquemment n'a pour objet que les Sciences & les
Arts, eſt deſtinée à recevoir les Leçons que l'INFANT ne
ſçaura pas bien encore.

La ſeconde partie, qui a pour objet les Langues mortes
& vivantes, eſt deſtinée de même à recevoir les Leçons
que S. A. n'aura pas compriſes ou retenues.

Les caſſetins de la troiſième partie contiennent les Inſ-
truction du Maître ſur le méchaniſme de l'enſeignement des
Langues Latine, Grecque, Hébraïque, Italienne, Françoiſe,

D

Portugaife, Allemande & Angloife (o). Les titres de ces caffetins font femblables à ceux de la divifion précédente. Les voici :

P^{er}. rang
- Rudiment de la Langue Latine.
- Liaifon des Langues Latine & Caftillane.
- Traduction interlinéaire pour la première claffe.

2e...... Auteurs pour la feconde claffe.
3e...... Auteurs pour la troifième claffe.
4e...... Poëtes traduits en Langue Latine pour la 4e claffe.
5e...... Auteurs & Poëtes de la cinquième & dernière claffe.
6e...... Grammaire Grecque. Racines. Traduction Latine.
7e...... Suite de la Traduction Latine. Poëtes.
8e...... Grammaire Hébraïque. Sainte Bible.
9e...... Grammaire Italienne, & Dialogues. Auteurs. Poëtes.
10e...... Grammaire Françoife, & Dialogues. Auteurs.
11e...... Suite des Auteurs. Poëtes.
12e...... Grammaire Portugaife, & Dialogues. Auteurs. Poëtes.
13e...... Grammaire Allemande, & Dialogues. Auteurs.
14e...... Suite des Auteurs. Poëtes.
15e...... Grammaire Angloife, & Dialogues. Auteurs.
16e...... Suite des Auteurs. Poëtes.

Chaque rang contient trois caffetins, & chaque caffetin, fi l'on en excepte deux au premier rang, 90 cartes. Les deux exceptés du premier rang n'en tiennent chacun

---

(o) Voyez ci-après, page 31 l'explication de la huitième Bibliothèque.

que 45. Ces 48 caffetins peuvent au total contenir 4230 cartes.

Les fix petits cadres qui fe trouvent au-deffous des deux couliffes par où l'on tire la feconde & la troifième Bibliothèque, font deftinés à recevoir fucceffivement le portrait des Philofophes, des Hommes Illuftres, & des Écrivains célèbres, tant anciens que modernes.

Il y aura dans les trois grands tiroirs une certaine quantité de pièces de bois conftruites à l'effet d'élever plufieurs petits bâtimens ; divers jeux de Blafon, de Géographie, d'Hiftoire, d'Architecture militaire ; quelques inftrumens de Mathématiques ; des Eftampes enluminées, &c.

PARTIE LATÉRALE
Du Cabinet à droite.

QUATRIÈME BIBLIOTHÈQUE,

Intitulée comme la feconde : *Lecciones para aprender.*

Cette Bibliothèque eft divifée en deux parties égales dont l'une a pour objet les Langues vivantes, & l'autre les Langues mortes. Chacune d'elles contient 40 caffetins & 5440 cartes, ce qui en fait au total pour les deux 10880. Ces caffetins font rangés dans le même ordre que ceux de la feconde & de la troifième partie de la Bibliothèque précédente ; ils ont auffi les mêmes titres.

CINQUIEME

CINQUIÊME BIBLIOTHEQUE.

CETTE Bibliothèque eft divifée en trois parties. La pre-mière contient les Inftructions du Maître fur le méchanifme de l'enfeignement des Sciences. Les queftions qu'il doit faire fur ces mêmes Sciences & fur les Langues mortes & vivantes, font renfermées dans les deux autres parties. On retrouve ici le même ordre & les mêmes titres des trois Bibliothèques précédentes.

Les caffetins qu'occupent les Inftructions font au nombre de 48, dont 28 à 90 cartes, & 20 à 45 : ce qui en fait au total 3420.

Les queftions fur les Sciences rempliffent 63 caffetins ; dont 40 à 45 cartes , 13 à 90, & 10 à 136 : ce qui en fait au total 4260.

Les 48 caffetins deftinés aux queftions fur les Langues, contiennent 4230 cartes.

On trouvera dans les trois grands tiroirs une autre por-tion des chofes contenues dans ceux de la partie latérale du cabinet à gauche. Les fix petits cadres qui les accom-pagnent ont auffi la deftination de leurs femblables.

E

PREMIÈRE FAÇADE INTÉRIEURE
Du Cabinet.

SIXIÈME ET SEPTIÈME BIBLIOTHÈQUES,

Intitulées : *Cartas para la compoſicion de Temas, ò Diccionario univerſal.*

CES deux Bibliothèques n'en préſentent & n'en font réellement qu'une ſeule que nous avons ſéparée, par rapport à celle qui ſe trouve derrière.

Les deux premiers rangs contiendront onze Dictionnaires particuliers, dont voici le titre avec le nombre de caſſetins qu'ils doivent occuper.

Antiquités romaines, 9	Chymie, .. 1	Marine, ... 5
Blaſon, ... 1	Commerce, 3	Manège, ... 3 *idem.*
Géographie, . . . 1 *id.*	Cultes reli-	Art militaire, 3 *id.*
Hommes illuſtres, .. 9	gieux, 1	Mythologie, 5 *id.*

Tous ces caſſetins font chacun de 136 cartes.

Au-deſſous des deux premiers rangs commence le Dictionnaire univerſel de tous les mots contenus dans nos Traités élémentaires. Chaque mot eſt placé à l'un des angles de la carte, ainſi qu'on le voit dans l'exemple ſuivant.

De forte que dans la compofition d'une phrafe ; le fecond mot cache la définition du premier, le troifième celle du fecond, &c.

La Lettre A occupe 30 caffetins.	La Lettre N occupe 5 caffetins.
. . . . B 10	. . . O 5
. . . . C . . . 15	. . . P . . . 20
. . . . D . . . 20	. . . Q . . . 3
. . . . E . . . 20	. . . R . . . 14
. . . F . . . 10	. . . S . . . 13
. . . G . . . 10	. . . T . . . 14
. . . . H . . . 5	. . . U . . . 10
. . . . I . . . 10	. . . X . . . 2
. . . . K-L . . . 7	. . . . Y . . . 1
. . . . M . . . 13	. . . Z . . . 3

Les caffetins du Diĉtionnaire univerfel font en tout au nombre de 240.

Ces 240 caffetins qui font auffi de 136 cartes chacun ; joints aux 40 des Diĉtionnaires particuliers , en forment 280 qui contiennent au total 38080 cartes.

Les caffetins du Supplément qui fe trouvent à la gauche & à la droite du Diĉtionnaire univerfel font au nombre de 22, & renferment 2992 cartes.

Les 22 petits cadres des portes qui cachent le fupplément font deftinés aux eftampes propres à l'étude du Blafon , & des intérêts des Princes.

E 2

Nous pouvons maintenant faire la récapitulation de toutes les cartes contenues dans les Bibliotèques précédentes, parce que la huitième ne doit recevoir que celles qui fortiront de la deuxième & de la quatrième.

La première contient . . . . 13815 cartes.
La 2e. 10848
La 3e. 4230
La 4e. 10880

La 5e. . . . . $\left\{\begin{array}{l} 1^{\text{ere}}\ \text{Partie} \dots 3420 \\ 2^{e} \dots \dots \dots 4260 \\ 3^{e} \dots \dots \dots 4230 \end{array}\right\}$ 11910 cartes.

Les 6e. & 7e. 38080

Total des cartes, 89763 (o).

(o) Voyez ci-contre, page 30, le dernier alinea.

SECONDE FAÇADE INTÉRIEURE
Du Cabinet.

HUITIÈME ET DERNIÈRE BIBLIOTHÈQUE.

CETTE Bibliothèque, ainſi que nous l'avons déjà dit (*p*) ; ne ſervira jamais que pour la gloire & le bonheur de l'Infant. Il y verra des livres, qui loin d'être devenus pour lui un objet de haine, auront toujours été la récompenſe la plus deſirée de ſon application & de ſes progrès. Il y verra s'augmenter inſenſiblement le nombre de ſes connoiſſances. Elles y reſteront dépoſées comme dans un ſanctuaire, & ce ſera la premiere fois que par le ſecret le plus inconcevable, ce qui meuble la tête d'un homme, deviendra viſible aux yeux de tous les autres.

L'objet de cette Bibliothèque y eſt indiqué par le titre le plus flatteur. Au milieu du frontiſpice ſe trouve un cartouche ſur lequel on lit les mots ſuivans : *Lecciones que ſabra S. A.* Plus bas & à la gauche ſont ces autres mots : *à la edad de trece años.* Ceux-ci ſont à la droite ſur la même ligne : *à la edad de diez y ſeis años* (*q*).

____

(*p*) Page 13.

(*q*) Ceci ſe rapporte encore à ce paſſage de la première des deux Épitres dédicatoires que nous avons adreſſées à SA MAJESTÉ

Les caffetins qu'embraffe la premiere de ces deux divifions font rangés & étiquetés de la même maniere que ceux de la deuxieme Bibliothèque ; c'eft-à-dire , qu'ils contiendront toutes les leçons fur les Sciences & les Arts.

La feconde divifion préfente auffi le même ordre & les mêmes titres qu'on a trouvés dans la quatrieme Bibliothèque. D'un côté font les caffetins deftinés à recevoir les leçons fur les Langues vivantes ; de l'autre ceux où l'on mettra les le-çons fur les Langues mortes.

On a vu , par les calculs précédens , que l'Ouvrage que nous propofons à la Cour préfente deux branches , finon également importantes , au-moins également étendues. Nos Traités Elémentaires donnent 10848 cartes , & forment une fuite de 48 volumes in-12. Les Livres néceffaires à l'étude des Langues mortes & vivantes , produiroient le pareil nombre de tomes , & la pareille quantité de cartes. C'eft ici l'occafion d'avertir que nous n'avons prefque rien fait encore de cette feconde partie de notre Ouvrage , que d'en tracer le fyftême , & qu'il nous feroit impoffible de fixer au jufte le tems où nous pourrons la mettre au jour. Il n'en eft pas de même de la premiere , à laquelle nous travaillons depuis vingt ans (*r*) , & qui , fi la Cour l'ordonne , fera

---

CATHOLIQUE : *Empeʒaria à vincular la immortalidad en aquella tierna edad en que los demas hombres fon el juguete de los errores y de los paffiones.*

(*r*) Voyez ci-devant la note de la page 8.

traduite & imprimée à l'époque où S. A. paſſera dans les mains des hommes.

Les 48 tomes qu'elle compoſe feront placés au bas de la huitième Bibliothèque. Nous y joindrons auſſi 16 volumes in-folio, ſavoir, quatre où l'on trouvera les 1450 planches, dont nous avons donné le Catalogue dans le manuſcrit d'où cette deſcription eſt tirée ; trois du Dictionnaire univerſel ; un du Supplément, & huit autres Dictionnaires, qui font partie de l'Ouvrage projetté pour les Langues mortes & vivantes.

Chacun de ces Dictionnaires contiendra deux tomes ; en voici les titres.

Dictionnaire Latin-Eſpagnol ;	Dictionnaire Eſpagnol-Latin.
. . . . . Grec-Latin ;	. . . . Eſpagnol-Grec.
. . . . . Hébreu-Latin ;	. . . . Latin-Hébreu.
. . . . . Italien-Eſpagnol ;	. . . . Eſpagnol-Italien.
. . . . . François-Eſpagnol ;	. . . . . . Eſpagnol-François.
. . . . . Portugais-Eſpagnol ;	. . . . . . Eſpagnol-Portugais.
. . . . . Allemand-Eſpagnol ;	. . . . . . Eſpagnol-Allemand.
. . . . . Anglois-Eſpagnol ;	. . . . . . Eſpagnol-Anglois.

Derriere nos 48 volumes in-12 feront placés les 48 autres tomes qui comprendront les Grammaires de toutes ces Langues, les extraits des Auteurs & des Poètes que nous aurons choiſis, & les inſtructions & queſtions du Maître, ſur les Sciences, les Arts & les Métiers (s).

____

(s) On conçoit qu'une collection auſſi riche & auſſi précieuſe, quoique beaucoup moins importante en elle-même que l'Encyclopédie

Les dix rayons qui ſont aux deux côtés de la Bibliothèque contiendront une double rangée de livres de choix, écrits dans les différentes Langues, que S. A. poſſédera dès l'âge de ſeize ans.

Enfin, quant aux ſoixante-douze volumes placés en haut derriere le frontiſpice, ils ſeront particulierement deſtinés à récompenſer l'application & les progrès de SON ALTESSE.

que nous propoſons, intéreſſeroit un bien plus grand nombre de perſonnes.

Toutes

Toutes les parties dont nous venons de rendre compte font renfermées dans l'armoire intitulée : Gavinete Literario del INFANTE. *Le Dimanche 3 Avril 1773, à huit heures du matin, nous avons eu l'honneur de les expliquer à S. A. R. le Prince des Afturies, & de compofer en fa préfence, & felon notre Syftême, cette phrafe déjà citée page 27 :* Al mejor de los Reyes, dedico el fruto de veinte y dos años de defvelos.

Le Cabinet eft refté dans l'appartement du Prince qui a daigné nous accorder trois quarts d'heure d'audience, & nous confeffer qu'il n'avoit encore rien vu d'auffi neuf & d'auffi intéreffant.

On verra peut-être avec plaifir à la fuite de cet
Ouvrage , un Traité des mêmes Auteurs , dans
lequel il y a cinq Tables appartenantes au Syftême
de Lecture dont il eft fait mention ci - devant
page

F I N.

Nous croyons devoir placer ici la figure & les titres du Bureau Typographique de feu M. Dumas, pour qu'on puisse mieux juger de la différence extrême qu'il se trouve avoir avec notre Cabinet Littéraire.

Left side label (vertical): **SIMPLE : COMP : NOMS : PRONOMS** — Right side label (vertical): **BIBLIOTHEQUE.**

DÉCLINAISONS.

Je	m	Il	cet	qui	-ci
a, æ.	us, i.	er, is.	us, ds.	es, ei.	obus.
i	;	:	:	ca	?
ha	bb	ft	dd	he	ph
A	B	C	D	E	F
a	b	c	d	r	f

CONJUGAISONS INDICATIVES.

prè.	imp.	pr. p.	P. q-p.	fut.	impér.	g. fup.	t. v. a.
CONJUGAISONS SUBJONCTIVES					infinit.	part.	t. v. p.
gn	l	apoft.	ch	[] ()	ill	ui	oi
gu	mag.	hi	tem	tem	ll	mm	nn
G	H	I	J	K	L	M	N
g	h	i	j	k	l	m	n

VERBES LATINS.

v. adj.	neut.	irrég.	fubft.	déf.	t. v. f.
v. paf.	dépo.	com.	réci.	imp.	t. n. f.
ou	an	en	in	on	un
eau	pp	qu	rh	ti	th
O	P	Q	R	S	T
o	p	q	r	f	t

RUDIMENT PRATIQUE DE LA LANGUE LATINE.

être	fubft.	adjec.	pr. d.	v. fr.	ind. f.	genr.	déclin.	conjug.	Synaxe.
avoir	art.	dégrés	pr. p.	part.	quia.	vir.	viri.	evi.	tu es.
o. x	a	3	4	5	6	7	8	9	to
hu	w	Cal.	ay	Arit.	æ; œ	oi	oi	§	+=
U	V	X	Y	Z	É	È	Ê	Hif. f.	Hif. p.
u	v	x	y	z	é	è	ê	Géog.	Fable.

MATIERES.	NOMBRE DE CASSETINS QU'ELLES OCCUPENT.		
	Caffetins.	Tiers de Caffetins.	Deux tiers de Caffetins.
Introduction, Nº. 1 & 2 (m)	1		
Religion,	1		2
Cultes religieux,	2		
Grammaire,	3		
Poéfie,	1		
Arithmétique,	1		
Géométrie,	2		2
Aftronomie,	1		
Géographie,	6		
Architecture,	1		
Chronologie,	3	1	
Gnomonique,			2
Hiftoire naturelle,	3	1	
Blafon,			2
Fortification,	1		
Méchanique,	2		
Logique,			2
Rhétorique,	1		2
Jurifprudence,	1		2
Anatomie,			2
Médecine,		1	
Chymie,		1	
Théologie,		1	
Morale,	1		

MATIERES.	NOMBRE DE CASSETINS QU'ELLES OCCUPENT.		
	Caffetins.	Tiers de Caffetins.	Deux tiers de Caffetins.
Méthaphyfique,		1	
Mathématiques,		2	2
Phyfique,	4	1	
Hiftoire univerfelle,	16	1	
Ordres Militaires,		1	
Mythologie,	1		
Antiquités Romaines,	2		
Science des Médailles,		1	
Hommes Illuftres,	1		2
Intérêts des Princes,		2	
Hiftoire Littéraire,	1		
Commerce,		1	
Agriculture,		1	
Hiftoire de la Marine,	1		
Marine & Navigation,	1	1	
Art de la Guerre,	1		2
Mufique,		1	
Danfe,			2
Arts des Armes,		1	
Manège,			2
Peinture,			2
Sculpture,		1	
Perfpective,		1	
Arts méchaniques,	2		

(m) L'Introduction Nº. I. eft celle qui forme les petits Élémens du premier âge.

AL — Aqui se junta la Preposicion *A* al Articulo *EL* por la figura Sincopa que se comete por causa de Eufonia, ò buen sonido.

MEJOR — Equivale à *MAS BUENO*; es Nombre Adjetibo comparatibo que asciende del positibo *BUENO*, y està puesto en el numero singular.

DE LOS — Genitivo del Articulo definido. Se hallá en la terminacion masculina del numero plural.

REYES — Monarcas y Soberanos independentes que tienen vasallos en quienes exercen la potestad y jurisdiccion que les compete segun uno de los Gobiernos Monarquico, Despotico, Democratico. *REYES* es al plural.

DEDICO — Viene de *DEDICAR* que significa ofrecer, consagrar. Es verbo actibo, y està en la primera persona del numero singular del presente de indicatibo.

EL — Es Articulo definido en la terminacion masculina del numero singular.

FRUTO — Todo propiamente lo que la tierra produce para manutencion, alimento, y recreo del hombre y de los animales. Quando se toma en sentido metaforico, significa las producciones intelectuales. Es nombre substantibo masculino al singular.

DE — Preposicion cuio oficio y regimen es mui vario.

VEINTE Y DOS — Cifras Arabes que representan un Nombre numeral absoluto ò Cardinal adjetibo.

AÑOS — Un año es el espacio de tiempo que consta de 365 dias y seis horas naturales. Es nombre substantibo del genero masculino, y al plural.

DE — Preposicion cuio oficio y regimen es mui vario.

DESVELOS — Vigilia, pribacion de sueño, que metaforicamente se dice de lo que ha costado mucha aplicacion y cuidado. Es nombre substantibo del genero masculino, y al plural.